Helmut von der Lippe

Also, heut‘ Nachmittag im Café Köpff …

Wartberg Verlag

Bildnachweis:
Wenn nicht anders angegeben, Privatarchiv
Helmut von der Lippe

2. Auflage 2004

Satz und Layout: Grafik & Design
Ulrich Weiß, Gudensberg
Druck: Druckerei & Verlag Steinmeier, Nördlingen
Buchbinderische Verarbeitung:
Buchbinderei Büge, Celle

34281 Gudensberg-Gleichen, Im Wiesental 1
Telefon (0 56 03) 9 30 50
www.wartberg-verlag.de
ISBN 3-8313-1369-5

Inhaltsverzeichnis

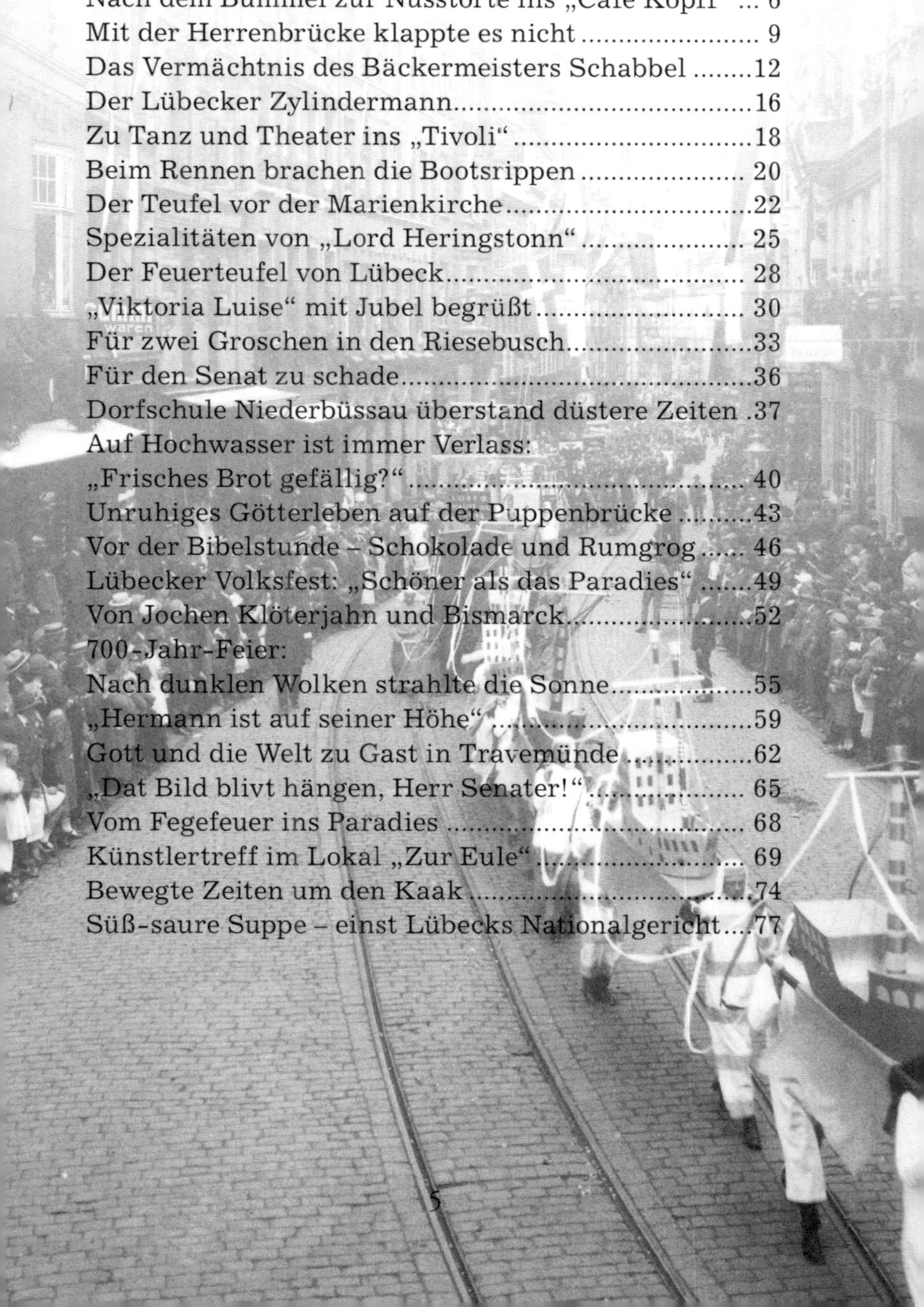

Nach dem Bummel zur Nusstorte ins „Café Köpff"

Bis in die Dreißiger Jahre hinein nannte man die Partie zwischen Johannisstraße (heute Dr.-Julius-Leber-Straße) und Wahmstraße den „Bummel". Hier wurde der neueste Tagesklatsch ausgebreitet, hier präsentierte sich die schicke Frau Mama mit ihrer noch schickeren Tochter am Arm der lässig dahinflanierenden Männerwelt, hier war wie heute noch auch damals schon der ‚Treff' der Schüler und Schülerinnen aus den Oberklassen der Gymnasien. Und an den farbig unterschiedlichen Schülermützen konnte man sofort erkennen, wer welche Klasse im Lyzeum am Falkenplatz, in der Ernestinenschule, im Katharineum, dem Johanneum oder an der damaligen Oberrealschule zum Dom besuchte.

Aber lassen Sie uns im Café Niederegger bei einer Tasse Mokka und einem Stück Nusstorte noch ein wenig weiterplaudern. Damals übrigens pflegte man ins „Café Köpff" zu gehen, wenn man Niederegger meinte. Denn Wilhelm Köpff hatte das traditionsreiche Unternehmen im Jahre 1864 von Karl Georg Barth, dem Schwiegersohn des Firmengründers Johann Georg Niederegger übernommen.

Café Köpff war der Treffpunkt der Lübecker. Im Erdgeschoss saßen vorwiegend die Damen, während sich im ersten Stock am Vormittag die Herrenwelt ein Stelldichein gab. Hier tat man sich an einer Pastete gütlich, bevor die Börsenglocke ins Rathaus zurückrief, hier pflegten die Leutnants in den besonders begehrten Nischen des Balkons ihren Sherry zu nehmen, nachdem sie ihren Morgenritt in der Palinger Heide absolviert hatten.

Am Nachmittag ging es „gemischt" zu. Stets aber konnte man sich sicher sein, irgendwelchen prominen-

Die Breite Straße im Juni 1914: Offiziere, junge Mädchen in weißen Sommerkleidern und Herren gesetzteren Alters flanieren auf dem „Bummel".

ten Lübeckern zu begegnen, sei es dem Dirigenten Hermann Abendroth oder der Schriftstellerin Ida Boy-Ed, die hier für ihre Diners und Tees regelmäßig Gebäck und Marzipan bestellte.

„Das Café", so schrieben die Lübeckischen Anzeigen im Jahre 1902, „ist eine Sehenswürdigkeit ersten Ranges, wie sie selbst nicht Hamburg und Berlin aufzuweisen haben."

Hätte das „Café Köpff" in der benachbarten Königstraße gelegen, die ja gleichermaßen die Innenstadt von Nord nach Süd durchschneidet, wer weiß, ob es heute noch bestehen würde. Denn gegenüber der Breiten Straße hat die Königstraße stets ein Mauerblümchendasein führen müssen.

Das stellten die Lübeckischen Blätter bereits im Jahre 1912 fest. „Die Königstraße macht in ihrem Passantenverkehr den Eindruck einer mittelgroßen Landstadt. In der Breiten Straße dagegen huscht eine

Straßenbahn, ein Auto nach dem anderen hindurch, Auf den Bürgersteigen drängt und schiebt sich die Menge, die des Abends gegen halb Sieben und nach Geschäftsschluss bedrohlich anschwillt“.

Schwere Zerstörungen richtete der Bombenhagel in der Palmarumnacht 1942 auch in der Breiten Straße an. Geblieben aber ist das Geschiebe und Gedränge auf dem „Bummel“ zwischen Beckergrube und Kohlmarkt, auch wenn hier schon seit vielen Jahren keine Straßenbahnen und Autos mehr vorbeihuschen. Geblieben aber ist insbesondere das Café Niederegger, seit Generationen im Familienbesitz und nach wie vor der Treffpunkt für Lübecker und Touristen, wenn ihnen nach Mokka und Marzipantorte zumute ist.

Mit der Herrenbrücke klappte es nicht

Ein derzeit noch im Bau befindlicher Tunnel soll schon bald die Trave auf dem Weg von Lübeck nach Travemünde unterqueren, um endlich einen reibungslosen Verkehrsfluss auf dieser Strecke zu gewährleisten. Denn allzu mühsam war es bisher gewesen, auf der B 75 über die Trave zum Ostseebad zu gelangen. Bis zum Jahre 1902 versah ein Fährprahm den Dienst, Personen und Fahrzeuge von einem Ufer zum anderen gelangen zu lassen. Es war eine Kettenfähre, die mit Menschenkraft bewegt wurde, sodass die Überfahrt je nach Windstärke sieben bis neun Minuten in Anspruch nahm. Dabei vermochte der Prahm aber auch 350 Menschen, 40 Pferde oder fünf vierrädrigere Karren mit 14

Die ramponierte Herrenbrücke nach dem Rammstoß des finnischen Eisbrechers „Baltica" im Jahre 1909.

Pferden mit an Bord zu nehmen. Bei starkem Wind war die Gefahr des seitlichen Abtreibens sehr groß. Es wurde daher vor jeder Fahrt ein starkes Drahtseil, das über die Trave gespannt und an der Fähre befestigt war, mittels einer Winde straff gezogen. Daneben verfügte der Fährmann für das Übersetzen einzelner Personen über ein Ruderboot.

Am 30. März 1902 war es mit dem Treideln über die Trave vorbei. Eine über den Fluss geschlagene Drehbrücke konnte erstmals ihren Betrieb aufnehmen. Doch immer noch brauchte man Geduld, um von hüben nach drüben zu kommen. Denn beide Brückenhälften wurden noch jahrelang mit der Handwinde auf- und zugedreht, bis dann auch hier moderne Technik ihren Einzug hielt und der Betrieb auf Elektrizität umgestellt wurde.

Wenn der Fährprahm nun auch seine Schuldigkeit getan hatte, so hatte ihn das Wasserbauamt dennoch vorsorglich nicht verkauft oder ihn gar verschrottet. Und das sollte sich als Glücksfall erweisen. Im Jahre

Notdürftig musste das Übersetzen über die Trave für längere Zeit wieder mit der alten Herrenfähre erfolgen.

1909 nämlich rammte der finnische Eisbrecher „Baltica“ die Herrenbrücke so heftig, das sie für längere Zeit ihren Dienst versagen musste. Der alte Fährprahm kam wieder zu Ehren. Es sollte wohl gleichsam ein Menetekel sein für die Brücke, die 62 Jahre später an ihrer Stelle errichtet wurde: Europas damals größte Klappbrücke.

Denn es klappte mit ihr in keiner Weise. Immer wieder wurde sie zum Ärgernis für die Menschen, die sie passieren wollten. Langes Warten vor geöffneten Klappen war an der Tagesordnung, Behinderungen wegen Reparatur-Arbeiten waren gang und gäbe. Bereits im Jahre 1985 konstatierten die „Lübecker Nachrichten“, dass die Instandsetzungskosten für die Brücke bereits erheblich über dem einstigen Bauvolumen von 20 Millionen Mark lägen. Die folgenden Jahre sollten die Erhaltungskosten für das marode Bauwerk ständig weiter nach oben schnellen lassen, sodass das Vorhaben, die Trave durch einen Tunnel zu unterqueren, schließlich unausweichlich wurde.

Wie stolz und hoffnungsfroh hatte es dabei noch geklungen, als Europas größte Klappbrücke im Jahre 1964 eingeweiht worden war. „Wir haben jetzt die größte Klappe Europas“, hatte der damalige Lübecker Bürgermeister Max Wartemann in seiner Eröffnungsrede scherzhaft angemerkt. Woraufhin ihm Bundesverkehrsminister Dr. Seebohm schlagfertig entgegnet hatte: „Ja, aber sie wird nicht mehr so oft aufgemacht.“ Und Lübecks Stadtpräsident Gerhard Gaul hatte seinerzeit hinzugefügt: „Nun haben wir mehr als 60 Jahre an dem Ding gedreht. Jetzt klappt es.“ Leider hatte er nicht recht behalten sollen.

Das Vermächtnis des Bäckermeisters Schabbel

Bäckermeister Heinrich Schabbel war ein Könner seines Fachs gewesen. Sein Geschäft befand sich am Kohlmarkt, nicht weit von der Petrikirche entfernt. Und hierhin strömten die Lübecker nur so, um bei ihm ganz besondere Spezialitäten einzukaufen. Die Maschüten zum Beispiel. Davon gab es zwei Sorten.

Maschüten waren einfache, längliche Zwiebacke, die gestoßen wurden und bei Sauerampfer, Brotpudding und anderen Gerichten Verwendung fanden. Gussmaschüten waren meist mit Zuckerglasur überzogen und ähnelten einer Mischung aus Feinbrot und Kuchen. Berühmt bei Bäcker Schabbel waren aber auch die Franzbrote und die Palmkuchen, runde, flache Hefekuchen mit einem Guss aus Zucker und Kaneel. Die gab' s freilich nur zum Palmsonntag.

Hochbetrieb herrschte in der Bäckerei insbesondere vor Weihnachten, wenn Meister Schabbel seine viel gerühmten Pfeffernüsse und den mit viel Mandeln und Sukkade belegten Braunkuchen offerierte. Am Ende hatte er so viel Geld verdient, dass er der Hansestadt Lübeck bei seinem Tode im Jahre 1904 den größten Teil seines stattlichen Vermögens als Stiftung vermachen konnte. Sein Anliegen war es gewesen, nachfolgenden Generationen ein Bild davon zu vermitteln, wie wohlhabende Kaufleute im Wilhelminischen Zeitalter gelebt hatten. Die Hansestadt Lübeck stellte das Haus Mengstraße 36 zur Verfügung, das die Stiftung museal wie auch gastronomisch nutzte und dessen Inventar sich aus wertvollen Spenden und Museumsbeständen zusammensetzte.

In der Palmarumnacht 1942 fiel das Schabbelhaus, wie viele andere Kaufmannshäuser in der näheren Umgebung auch, dem Bombenangriff zum Opfer. Die Stiftung

Ecke Schmiedestraße/Kohlmarkt vor dem Bombenangriff 1942: Hier backte früher Bäcker Schabbel neben der Putzhandlung Ferber seine Maschüten.

wäre mit einem Wiederaufbau überfordert gewesen. Die Hansestadt erwarb kurze Zeit später die zwei miteinander verbundenen Häuser Mengstraße 48 und 50 und übereignete sie letztlich der Lübecker Kaufmannschaft, die hier 1954 eine umfangreiche Sanierung durchführte.

In den historischen Häusern wurde nun mit Mobiliar aus Museumsbeständen und Schenkungen erneut eine Gaststätte eingerichtet. Die Schabbelstiftung löste sich 1955 auf. Heute ist das Schabbelhaus ein italienisches Restaurant gehobeneren Anspruchs. Viele prominente Gäste hat das Haus in den vergangenen Jahrzehnten gesehen. Darunter befand sich vor geraumer Zeit auch eine Runde von Kaufleuten, denen der Kellner nach beendigtem Mahl die Frage stellte, ob er ihnen noch weiter dienlich sein könne. Ja, so befanden die Gäste, sie hätten zum Abschluss doch gern noch einen griechischen Weinbrand.

Eine gepflegte Gastlichkeit zeichnete das Schabbelhaus schon vor 1942 aus, als es noch in der Mengstraße 36 wenige Häuser neben dem heutigen stand.

Es dauerte, bis sich der Ober wieder blicken ließ. Stattdessen waren vor dem Schabbelhaus in der Zwischenzeit mehrere Taxen vorgefahren. Der Kellner hatte sich, wie sich herausstellen sollte, verhört und statt des bestellten griechischen Weinbrands „Metaxa“ etliche Taxen geordert.

Der Lübecker Zylindermann

Er war eine der eigenwilligsten Persönlichkeiten Lübecks in den ersten drei Jahrzehnten des vorigen Jahrhunderts – Ernst Albert. Sein Markenzeichen war der Zylinder, den er bereits trug, als er im Jahre 1908 zur Eröffnung des Neuen Stadttheaters vom Altenburger Hoftheater zusammen mit einer besonders ausgewählten Künstlerschar in die Hansestadt kam und hier für immer bleiben sollte.

Zunächst spielte er seriöse Charakterrollen, bis ihm mit dem Theaterdirektor „Striese“ im „Raub der Sabinerinnen“ der Durchbruch zu dem ihm mehr gelegenen komischen Fach gelang. Ernst Albert hatte mit dieser Rolle die Herzen der Lübecker erobert, er wurde zum gefragten Gast bei den vielen Geselligkeitsvereinen, die sich freuten, ihn nicht nur als landläufigen Rezitator, sondern insbesondere als Dichter und Rezitator von dramatischen Vereins- und Stadtgeschichten feiern zu dürfen.

Mit der Zeit entwickelte er sich zudem zu einem profunden Kenner lübscher Eigenheiten, der auch für die Zeitung humoristische Lokalplaudereien verfasste.

Längst war Ernst Albert in Lübeck ein stadtbekannter Mann geworden, und wo auch immer er mit seinem Zylinder auftauchte, brachte man ihm Anerkennung und Hochachtung entgegen.

Übrigens auch die Straßenbahnfahrer, die spontan stoppten, wenn er seinen Zylinder auf die Schienen legte und damit das Zeichen setzte, mitgenommen werden zu wollen.

Selbst vor seinem Haus in der Moislinger Allee besaß er gleichsam eine Privathaltestelle, an der er nach Belieben ein- und aussteigen konnte.

Ernst Alberts Zylinder war so sehr zu seinem zweiten Ich geworden, dass es gang und gäbe wurde, Post an ihn ohne seinen Namen abzusenden. Der Brief brauchte nur mit einem Zylinder gekennzeichnet zu sein, und schon wusste der Briefträger, an wen er tatsächlich gerichtet war. Mit vorgerücktem Alter zog sich Ernst Albert mehr und mehr vom Theater zurück, auch wenn er den Sommer über des öfteren noch in Thüringen allerlei Kurtheater mit einem alle Jahre sich treu wieder zusammenfindenden Ensemble „bespielte". Immerhin hatte er es in seiner Bühnenlaufbahn daneben noch bis zum Direktor des Kieler Stadttheaters gebracht, und überdies war es ihm gelungen, das schwierige Lübecker Stadthallen-Theater in der „glorreichen Spielzeit 1913" jeden Abend zu füllen. Doch nach der Theaterlaufbahn trat in ihm zunehmend mehr der Naturforscher, der schon sein bisheriges Leben als Hobby begleitet hatte, in den Vordergrund. Für das Lübecker Naturhistorische Museum am Dom schuf er in geduldiger und akribischer Kleinarbeit seine einzigartigen „Biologien" und Gruppen aus dem Leben der Natur, namentlich aus dem der Insekten. Leider sind diese Natur-Kunstwerke in der Bombennacht Palmarum 1942 mitsamt dem Museum zerstört worden.

Ein besonderes Vergnügen bereitete es Ernst Albert des öfteren, Zylinder-behütet ins Rathaus zu gehen. Da die Mitglieder des Senats früher zumeist mit einem Zylinder auf dem Kopf zu den Sitzungen ins Rathaus gingen, hatten die als Ehrenwache vor dem Rathaus stehenden Posten des Lübeckischen Regiments den Befehl zu präsentieren, wenn sich ein Herr mit Zylinder näherte. Und so salutierten sie denn auch vor Ernst Albert.

Gern erzählte Ernst Albert bei einer seiner vielen launigen und nachdenklichen Anekdoten, dass ihm eine Zigeunerin einmal prophezeit habe, er würde 100 Jahre alt werden. Dieses Orakel sollte sich jedoch nicht bewahrheiten. Der Zylindermann starb am 2. November 1936 im Alter von 77 Jahren.

Zu Tanz und Theater ins „Tivoli“

Die Lübecker sind seit eh und je keine Hausmuffel gewesen. Das beweist allein die stattliche Zahl von 36 Konzert- und Gesellschaftshäusern, die das städtische Adressbuch für 1909 aufzählt. Man hatte also genügend Auswahl, um sich abends, je nach Lust und Laune, zu vergnügen.

So annoncierte bereits vor 120 Jahren „Egger's Etablissement“ in der Großen Schmiedestraße 988 „ein großes Orchestrion- und Pianoconcert im brillant erleuchteten Parterrelokal“ bei „freiem Entree.“ Der „Dilettantenverein Fides“ lud zu einem „Extra Sozialen Abend“ ins Viktoria-Theater, und die „Polyhymia“ bat zum Sommerfest „mit Damenvergnügen“.

Theater und Ballsaal zugleich war das „Tivoli“, dessen Garten unterhalb des Burgtors im 19. Jahrhundert bis an die Wakenitz reichte. Hier wurden während der Sommermonate viermal wöchentlich vor allem Lustspiele und kleinere Opern aufgeführt. Eine große mit Glas gedeckte Halle bildete dabei den Zuschauerraum. Ungeachtet des nahenden Donnergrollens, das den 1. Weltkrieg ankündigte, sahen sich Lübecks Vergnügungsstätten auch im Juni 1914 noch bestrebt, kräftig auf die Pauke zu hauen. Der Ballsaal „Fledermaus“ zum Beispiel veranstaltete „urfidele Künstlerabende“, auf dem Flugplatz an der Israelsdorfer Allee feierte man ein alkoholfreies Volksfest, und das Biophon zeigte das große Sittendrama „Verhängnisvolles Glück“, einen Stummfilm mit Henny Porten in der Hauptrolle.

„Dies allein verbürgt meinem werten Publikum zur Genüge, dass es etwas Hervorragendes ist, was ich meinen Besuchern biete“, verhieß der Filmvorführer in einer Annonce des Lübecker General-Anzeigers.

Nach der Ernüchterung und den Schrecken des Ersten Weltkriegs flammte das Feuer der Freude in den Zwanziger Jahren noch einmal lichterloh wieder auf, bis es schließlich abermals in verdunkelten Nächten zu Asche verglimmen sollte.

Beim Rennen brachen die Bootsrippen

Als im Jahre 1885 die Lübecker Ruder-Gesellschaft gegründet wurde, gab es vor ihr bereits 109 andere Vereine dieser Art in Deutschland. In Hamburg zum Beispiel hatte sich schon 50 Jahre

Ein Sechser mit Steuermann um 1895 auf der Wakenitz. Im Hintergrund das bis zum Jahre 1900 bestehende Vergnügungslokal „Tivoli“ und die Jakobikirche.

zuvor ein Ruderklub etabliert, auch in Kiel, Schwerin und Wismar hatten sich die Wassersportler lange vor Lübeck zu einem Verein zusammengeschlossen. Erst mit der Fertigstellung des Elbe-Trave-Kanals im Jahre 1900 belebte sich das Interesse für den Rudersport in Lübeck. Zuvor schien es trotz der vielen Gewässer rund um die Stadt mit dem Bootfahren nicht recht geklappt zu haben.

Im Jahre 1880 leisteten sich ein paar ruderbegeisterte Lübecker immerhin schon eine achtsitzige Gig für 50 Mark. „Das Boot lag auf der Wakenitz“, erinnerte sich später einer von ihnen an die Anfänge des Ruderns in Lübeck, „aber da uns die Wakenitz zu langweilig wurde, trugen wir das Boot zur Trave hinüber, wodurch es leck wurde. Wir dichteten es deshalb mit Werg und Teer ab. Als wir ein Jahr damit gefahren waren, verkauften wir es als Brennholz.“ Fünf Jahre später aber wurde allen Anfangsmaleschen zum Trotz im Bibliothekszimmer des kaufmännischen Vereins „Concordia“ die Lübecker Ruder-Gesellschaft aus der Taufe gehoben. 22 Jahre danach stellte sich der LRG der neu gegründete Lübecker Ruder-Club zur Seite. Das erste Wettrennen fiel allerdings buchstäblich ins Wasser, weil sich einer der vier Ruderer vor dem Start die Hand verstaucht hatte.

Auch bei der Kieler Regatta im darauffolgenden Jahr 1908 hatte man Pech. Der Lübecker Ruder-Klub hatte einen Achter entsandt, der mit Vertretern aus vier Nationen besetzt war, mit kraftstrotzenden Athleten, denen das zu leicht gebaute Boot am Ende allerdings nicht standhalten sollte. Bereits während der ersten Wettfahrt gegen den RC Hammonia Hamburg brachen mehrere Bootsrippen, und im zweiten Rennen platzte die Außenhaut des Achters so sehr auf, dass die Mannschaft nur noch im sinkenden Zustand das rettende Ufer erreichen konnte.

Der Teufel vor der Marienkirche

Ein kleiner bronzener Teufel hockt seit einigen Jahren auf einem viereinhalb Meter langen Granitstein vor der Marienkirche. Viel Aufregung und Unmut hatte es in der Bevölkerung gegeben, als der Beelzebub seinerzeit dort postiert wurde. Einen Teufel vor dem Gotteshaus als Touristenattraktion zu präsentieren, hatten etliche Kritiker zürnend angemerkt, käme doch einer Blasphemie gleich und sei mit der christlichen Botschaft in keiner Weise zu vereinen. Das Böse müsse man mit einer derartigen Skulptur doch nun nicht ausgerechnet noch vor dem Heiligen Hause verherrlichen.

Andere Stimmen hatten dagegengehalten, dass die Auseinandersetzung mit dem Guten und Bösen, mit Gott und dem Teufel, nun einmal Bestandteil des christlichen Lebens sei, wie es sich im Übrigen auch in vielen bildhaften mittelalterlichen Darstellungen großer europäischer Kathedralen manifestiere.

Gleichwohl, und wie auch immer, mit dem Teufel und der Lübecker Marienkirche hatte es einstmals seine ganz besondere Bewandtnis gehabt, wenn man der Sage glauben will. Und die lautet so: „Als die Lübecker die Marienkirche bauten und sich mühten, ein Gotteshaus zu errichten, wie es noch keiner gesehen, kommt der Teufel darüber hinzu. Er glaubt, es soll ein Wirtshaus werden, und man belässt ihn auch in seiner Meinung. Daher hilft er wacker mit beim Bau. Das Werk schreitet rasch voran, sodass sich die Bauleute staunend entsetzen. Schon als die mächtigen Fundamente entstanden, kamen dem Teufel leise Zweifel. Als er nun aber sieht, wie das Gewölbe wird und die Türme wachsen, da ist es ihm klar, nicht ein Wirtshaus wird' s, sondern eine Kirche. Wütend über den Betrug, will er das Bauwerk zerstören. Eilends holt er ei-

Als Touristenattraktion hat sich seit einigen Jahren der kleine Teufel vor der Marienkirche behauptet. (Postkarte: Schöning Verlag, Lübeck).

nen gewaltigen Stein, damit will er die Kirche zerschmettern. Doch die Lübecker wollen es sich mit dem Teufel nicht ganz verderben. Sie versprechen ihm, ein Wirtshaus zu bauen, wenn er von seinem Vorhaben ablasse. Der Teufel ist' s zufrieden. Aber damit man ihn denke, schleudert er den Stein hart am Mauerwerk der Kirche nieder, wo er noch liegt. Zur selben Zeit aber bauten die Lübecker den Ratsweinkeller, damit der Teufel ihnen nicht entgegen sei. Daher sind auch Ratskeller und Marienkirche so dicht beieinander. Der Teufelsstein ist aber zum ständigen Gedächtnis dort liegengeblieben, und kundige Leute wollen noch daran die Höhlungen sehen, wo der Teufel ihn mit seinen feurigen Händen gepackt hat."

Inzwischen ist zwar nicht Gras gewachsen über den Bronzeteufel vor St. Marien, wohl aber haben sich die Gemüter mittlerweile beruhigt und den Gottseibeiuns vor dem Gotteshaus stillschweigend akzeptiert. Seine jetzt schon blankgewienerten kleinen Hörner scheinen darauf hinzuweisen, dass auch die Touristen Gefallen an dem Beelzebub auf dem Granitstein gefunden haben.

Spezialitäten von „Lord Heringstonn“

Das traditionelle Heringsessen der Lübecker Kaufmannschaft zählt auch heute noch zum Höhepunkt ihrer zahlreichen Versammlungen. Schon in der mittelalterlichen Glanzzeit Lübecks als „Königin der Hanse“ hatte der Hering eine bedeutende Rolle gespielt. Er war ein wichtiger Handelsartikel, da die auf einfache Art konservierten Fische bis weit ins Binnenland hinein in den Fastenzeiten, ebenso wie am Freitag in den damals katholischen Landen als Volksnahrungsmittel galten.

Das über den Stecknitz-Kanal von Lüneburg nach Lübeck transportierte und in den Salzspeichern der Hansestadt zwischengelagerte „weiße Gold des Nordens“ wurde anschließend nach Skandinavien weiterverfrachtet, um dort zur Konservierung der Fische verwendet zu werden.

In Lübeck zählt der Hering seit eh und je zu den beliebtesten Fischgerichten, sei es als Brathering, Matjes, Rollmops oder Bückling. Pellkartoffeln mit Stipp und Hering waren dabei auch ein durchaus gesellschaftsfähiges Mittagessen.

„Stipp“ sind Speckstippeln, kleingeschnittener, geräucherter Speck, der in der Pfanne ausgelassen wurde. Dazu kamen gebräunte Zwiebeln und etwas Senf.

Heringe pflegte man bei Holtermann am Markt zu kaufen, an der Ecke Markttwiete, wo das vor kurzem abgerissene Stadthaus stand. Ein großes Schild am kleinen Haus zeigte an, dass hier Salzheringe „en gros und „en detail“ zu haben waren. Und nur Matjes von Holtermann, zu Hause gewässert und abgezogen, garantierten den Hochgenuss dieser Spezialität.

Originalfässer, stets mehrere im Anbruch, standen auf der winzig kleinen Diele des Eckhauses. Je nach Preis und Geschmack wurde unterschieden nach Schotten, Norwegern und weniger markanten, dafür aber billigeren Sorten. Im Frühsommer, der Zeit der jungen Kartoffeln, erhielten die Tonnen dann gelegentlich ein Schild umgehängt mit der Aufschrift: „Neue Ernte." Fischhändler Holtermann zeigte sich nicht zimperlich, wenn es galt, seiner Kundschaft zu Willen zu sein. Hemmungslos griff der Heringsbändiger

Die Fischhandlung von „Lord Heringstonn" an der Markttwiete, wie sie bis 1942 Bestand hatte.

in die Tonnen und wühlte mit Behagen den schönsten Fisch seiner Wahl aus der sehr stark riechenden, trüb-rötlichgrauen Salzlake heraus, auf der stets eine dicke Schicht von Fischfett schwamm. Triefend von der üppigen Soße, wurden die Fische kurzerhand in eine Ausgabe des „Lübecker General-Anzeigers“ von Charles Coleman eingewickelt und den Kunden in die Hand gedrückt. Denn Pergament für täglich, oder gar Plastikfolie – das gab's damals noch nicht. Als „Lord Heringstonn“ ist Fischhändler Holtermann vielen Lübeckern unvergessen geblieben. Nur eins hatte der Lord nicht leiden können und dies seinen Kunden gegenüber auch wiederholt unwirsch zum Ausdruck gebracht: „Dscheden und dscheden Morgen spuckt mich der verdammte Bengel in die Heringstünn. Ich mein – schaden tut das scha nich – aber was soll das?“

Der Feuerteufel von Lübeck

Stolz präsentierte die Lübecker Berufsfeuerwehr im Oktober des Jahres 1912 ihre brandneue Automobilspritze, ein leuchtend rotes Fahrzeug, das mit seinen 45 PS in der Lage war, eine Spitzengeschwindigkeit von 40 Stundenkilometern zu erreichen. Ausgestattet war das Löschfahrzeug darüber hinaus mit einer Ausschiebeleiter, zwei Hakenleitern, einer Stockleiter, einem Rauchschutz-Apparat mit Sauerstoff-Koffer vom Dräger-Werk sowie mit einem Samariter- und Werkzeugkasten.

Und schon bald sollten die Männer ausreichend Gelegenheit erhalten, um sich zu bewähren. Im Frühjahr des darauffolgenden Jahres nämlich brannte es in Lübeck an allen Ecken und Enden. Ein Feuerteufel trieb sein Unwesen. Am frühen Pfingstmorgen fiel das Holzlager Brill auf der Wallhalbinsel einem Großfeuer zum Opfer. Wenige Tage später stand das Kaufhaus Karstadt in Flammen. Ein Augenzeuge berichtet: „Durch die vom Brandherd ausstrahlende Hitze waren bald die Fenster des mächtigen Baus zersprungen, und die hereindringende frische Luft entfachte die Flammen mit Riesenkraft, dass sie höher und höher loderten und schließlich auf alle drei Stockwerke des Kaufhauses übergriffen. Alles wurde ein Opfer des wild tobenden Spiels, und was die erregte Glut nicht fraß, verwandelten die Wassermassen in einen wüsten Trümmerhaufen."

Kaum hatten sich die Lübecker von diesem Schrecken erholt, standen die Havemannschen und Brügmannschen Holzlager nahe der Struckfähre an der Einsiedelstraße sowie die Boldtschen Holzlager an der Moislinger- und Lachswehr-Allee in hellen Flammen. „Das Feuer", so berichteten die „Vaterstädtischen Blätter" tags darauf, „färbte den Horizont derart, dass man

Riesenfeuer in den Holzlagern von Havemann und Brüg-mann bei der Struckfähre am 17. Mai 1913.

nachts auf der Straße lesen konnte. Dem mit entsetzlicher Großartigkeit verlaufenen Feuer wohnte eine vieltausendköpfige Zuschauermenge in den Wallanlagen wie auf einer Tribüne bei."

Durch einen Zufall wurde der Feuerteufel endlich geschnappt. Der Oberkellner des Ratsweinkellers überraschte nämlich eines Nachts einen Mann beim Eindringen in die Marienkirche. Zunächst glaubte man, dass es sich bei dem Festgenommenen um einen Einbrecher handelte. Dann aber stellte sich heraus, dass er der Brandstifter von Lübeck war, der auch in der Marienkirche hatte Feuer legen wollen. Er wurde zu 15 Jahren Zuchthaus verurteilt.

„Viktoria Luise“ mit Jubel begrüßt

Ungehalten hatte man sich in Lübeck lange Zeit darüber gezeigt, dass sich kein Luftschiff über den Dächern der Hansestadt blicken lassen wollte. Das, so spekulierten die „Vaterstädtischen Blätter“ anno 1912, hätte sicher wohl seinen Grund in der weiten Entfernung der Werkstätten für Luftschiffe – ganz Deutschland liege dazwischen – zum anderen in der Lage Lübecks in unmittelbarer Nachbarschaft zweier Meere, denen die kühnen Luftpiloten augenscheinlich noch weniger trauten als ihrem eigenen Elemente. Dann aber, im Juli 1912, sollte es endlich soweit sein. Das Luftschiff „Viktoria Luise“ nahm Kurs auf die Hansestadt. „Als die Nachricht bekannt wurde,

Voller Faszination bestaunten die Lübecker immer wieder das Wunder der neuen Flugtechnik. Hier der Zeppelinkreuzer über der Petrikirche.

Nach der „Viktoria Luise“ nahm das Luftschiff „Hansa“ Anfang September 1912 Kurs auf Lübeck. Hier der Blick aus der Kanzel auf die Innenstadt.

bemächtigte sich der Lübecker freudige Erregung und ungeduldige Neugier. Alle harrten des Moments mit Spannung, da der erste Zeppelinkreuzer die alten Türme überfliegen sollte.“ Und jetzt war der große Augenblick gekommen. Ein Reporter der „Vaterstädtischen Blätter“ schildert seine Eindrücke: „Eines schönen Sonntagmorgens – ein großer Teil der wochentags so emsigen Lübecker lag noch in den Federn – tönte ein Geräusch aus den Lüften, das sich anfangs mit dem Summen riesiger Hornissenschwärme vergleichen ließ, dann aber zu mächtigem Getöse anschwoll. Dicht über den Giebeldächern zog der schlanke, langgestreckte Körper des Zeppelinkreuzers dann über die Stadt dahin.“

Bei seiner Landung auf den Karlshofer Wiesen wurde das Luftschiff von einer jubelnden Menge mit dem Lied „O Deutschland hoch in Ehren“ begrüßt. „Nun“, so heißt es in dem Report weiter, „wo der Riese sich an den Haltetauen des Vorderschiffs dicht über dem Boden wiegte, konnte man im Verhältnis zu der ihn umgebenden Menge so recht seine gewaltigen Abmessungen erkennen. Hätte man einen der Marientürme daneben gelegt, die „Viktoria Luise“ würde noch um über 20 Meter länger gewesen sein. Und von nun waren die Lübecker zu ihrer freudigen Überraschung vor dem plötzlichen Erscheinen dieser kometenartig den Luftraum durchsausenden Himmelskörper aus Menschenhand nie und nirgends mehr sicher.“

1929: Erste Landung des Luftschiffes „Graf Zeppelin“ auf dem Priwall. Blick auf den Luftkreuzer von der Travemünder Vorderreihe aus.

Für zwei Groschen in den Riesebusch

Eine Straßenbahnfahrt vom Bahnhof bis zur Kronsforder Allee kostete früher 10 Pfennig. Das war vor 90 Jahren. Eine Reise nach Bad Schwartau war da schon aufwändiger: sie schlug immerhin schon mit 20 Pfennig zu Buche. Und noch teurer war die Tour nach Kücknitz.

Nun waren die Lübecker aber schon seit jeher sehr sparsame Leute, die den Groschen lieber siebenmal umdrehten, bevor sie ihn ausgaben. Wer in der nördlichen Innenstadt wohnte, pflegte zum Beispiel über die Burgtorbrücke zur Haltestelle Burgfeld zu gehen, wenn er nach Israelsdorf wollte. Die Fahrt vom Burgfeld nach Israelsdorf kostetet nämlich nur 10 Pfennig. Würde er am Geibelplatz eingestiegen sein, hätte er 5 Pfennig mehr bezahlen müssen.

Eröffnung der Straßenbahnlinie Lübeck – Bad Schwartau im Jahre 1912: Vorbereitungen zur Abfahrt des ersten Zuges vom Lübecker Markt aus.

Viele Erinnerungen verbinden die Lübecker mit ihrer Straßenbahn, die am 30. April 1881, von Pferden gezogen, erstmals durch die Stadt rollte. 13 Jahre später aber bereits als „Elektrische“ mit 20 mal mehr PS auch die steilsten Stadthügel relativ mühelos überwand und schließlich 1959 für immer aufs Abstellgleis geschoben wurde.

Die 1905 eröffnete Marlibahn hatte es dabei anscheinend jedem Lübecker Bürger recht machen wollen. Sie schlängelte sich in so abenteuerlichen Windungen durch die Straßen der Stadt, als meinte sie, vor fast jedem zweiten Haus Station machen zu müssen.

Weniger kurvenreich, dafür aber umso gefragter, waren die Straßenbahnlinien, die Israelsdorf und seit 1912 auch Bad Schwartau mit Lübeck verbanden. An

Im Jahre 1905 wurde die Straßenbahn vom Bahnhof nach Marli in Betrieb genommen. Sie schlängelte sich in mühsamen Windungen durch die Stadt. 1913 ließ sich Schaffner Emil Hellberg stolz vor „seinem“ Wagen fotografieren.

Sonn- und Feiertagen, besonders aber zu Pfingsten, kam es hier schon zu beängstigenden Engpässen. Riesige Menschenmassen, die sich tags zuvor in den Wäldern vor den Toren Lübecks vergnügt hatten, drängten am Spätnachmittag zur Rückkehr. In Israelsdorf konnte man diesem Ansturm insoweit noch relativ gut begegnen, als auf dem großzügig angelegten Abstellplatz genügend Einsatzwagen zur Verfügung standen, und weil außer einer Wartehalle noch zusätzliche Schutzgitter für die Fahrgäste errichtet waren. In Bad Schwartau dagegen – bis zum Jahre 1926 war die Strecke von der Karlstraße bis zum Solbad nur eingleisig – kam es bisweilen zu chaotischen Zuständen. Der Markt stand voller Menschen, die sich mit Schirmen und Stöcken den Weg zur Straßenbahn zu ebnen versuchten.

Und hatte man schließlich mit Ach und Krach den Lübecker Kohlmarkt erreicht, musste man auch hier noch manches Gedränge in Kauf nehmen, um in einer der nächsten Anschlusslinien Platz zu finden. Denn bis 1938 war der Kohlmarkt End- und Umsteigepunkt für nicht weniger als vier Straßenbahnen.

Für den Senat zu schade

Der frühere Finanzsenator Gerhard Schneider war nicht nur ein guter Kämmerer für Lübeck, nicht nur ein leidenschaftlicher Jäger und Tierbeobachter, sondern auch ein sehr guter Kenner der lübeckischen Geschichte. Überdies war er ein passionierter Raucher, der Pfeife und Zigarren bevorzugte.

Während der Senatssitzungen hatte der damalige Wirtschaftssenator und spätere Stadtpräsident Gerhard Gaul den Platz neben ihm, und ein übers andere Mal hatte er erdulden müssen, vom dichten Tabaksqualm seines Nebenmannes eingenebelt zu werden. Und Gerhard Schneider rauchte keineswegs teure Sorten. Als Kämmerer war er schließlich ja ein sparsamer Mann. Deswegen kaufte Gerhard Gaul eines Tages in dem Zigarrengeschäft Nagel am Markt eine 50er-Kiste sehr guter und teurer Zigarren und überreichte sie seinem Kollegen mit den Worten: „Lieber Gerhard Schneider, tu mir den Gefallen und rauche diese im Senat!“ Der Finanzsenator sah sich die Kiste mit den Zigarren an, schnupperte genüsslich daran und ließ seinen Gönner daraufhin wissen: „Vielen Dank, aber die sind mir für den Senat zu schade. Die rauche ich lieber zu Hause.“

Eine ähnliche Geschichte ist aus der Lübecker Schiffergesellschaft, der „klassischsten Kneipe der Welt“, verbürgt. In feuchtfröhlicher Runde saß man beisammen und lauschte einem Witzeerzähler, der ein Bonmot nach dem anderen abfeuerte. Alle lachten amüsiert, nur Kapitän Wilhelm A. verzog keine Miene und machte ein geradezu sauertöpfisches Gesicht.

Befragt, warum er denn nicht auch mal wie die anderen lache, erwiderte er knurrig: „Ich kann diesen Spaßmacher persönlich nicht leiden. Und deshalb lache ich nicht. Ich lache erst nachher zu Hause!“

Dorfschule Niederbüssau überstand düstere Zeiten

Seit dem 1. Mai 1935 ist die einst selbständige Lübeckische Landgemeinde Kronsforde ein Stadtteil der Hansestadt. Einen Gemeinderat für den rund 500 Einwohner zählenden, am Elbe-Lübeck-Kanal gelegenen Ort gibt es seitdem nicht mehr. Bewahrt geblieben sind dennoch so manche Erinnerungen an die Zeit, als Kronsforde noch eine gewisse Eigenständigkeit besessen hatte.

So zum Beispiel an die Schule am Krummesser Baum, die auch zum Einzugsbereich Kronsfordes gehört und amtlich nach wie vor Schule Lübeck-Niederbüssau heißt.

Die entbehrungsreichen Jahre der beiden Weltkriege sind es vor allem, die in der Schulchronik besondere Erwähnung finden. Bereits sieben Wochen vor Beginn des l. Weltkriegs teilte die Oberschulbehörde dem Schulleiter mit, dass eine erhebliche Anzahl der in den Klassen verwendeten Schreibfedern englischen Ursprungs seien. Es wurde daher angeordnet, auf die ausschließliche Benutzung deutscher Schreibfedern hinzuwirken.

Nachdem im Jahre 1915 das Herstellen von Fußbodenöl untersagt worden war, weil die erforderlichen Rohstoffe wegen der Seeblockade der Kriegsgegner zur Mangelware geworden waren, durften die Holzfußböden in der Niederbüssauer Schule nur noch mit „recht wenig Wasser" gefeudelt werden, „da eine allzu reichliche Verwendung von Wasser das Absplittern des Holzes begünstigt". Dies geschah aber dennoch, und so wurde das Verbot des Bodenölens teilweise wieder zurückgenommen. Um aber überhaupt eine Ölherstellung zu ermöglichen, wurden die Kinder aufgerufen, Kerne von reifem Steinobst zusammenzutragen. „Jeder Kern ist wichtig!“ hieß es damals in einem entsprechenden Erlass. Schwierigkeiten bereitete auch die Beheizung der Schulräume. „Da die Anlieferung zerschlagenen Kokses an die Schule schlechterdings nicht möglich ist“, wurde im Oktober 1917 verfügt, „muss die Zerschlagung der großen Stücke in der Schule erfolgen. Hammer sind auf dem Bauamt, Abteilung Heizung, zu haben.“

Düstere Zeiten galt es auch während des Zweiten Weltkriegs und in den Jahren danach zu überstehen. Von Weihnachten 1946 bis Ostern 1947 musste der Unterricht in der Schule Niederbüssau gänzlich ausfallen. Es durfte nicht geheizt werden. Zwar verfügte die Schule noch über einen Kohlevorrat, doch den musste sie an die Lübecker Krankenhäuser abgeben.

Umso willkommener bei aller Not war die Schulspeisung, die ab 21. Februar 1946 auch am Krummesser Baum an die Kinder verabreicht wurde. Die Chronik berichtet: „Das Essen wurde jeden Schultag per Lastauto von der Firma Erasmi aus Lübeck gebracht und in zwei große Kessel geschüttet. Jedes Kind und jede Lehrkraft bekamen je einen Schlag. Sehr begehrt waren die so genannten Nachschläge. Jede Portion kostete zehn Reichspfennige, die gern bezahlt wurden. Die Kessel wurden jeden Tag ausgekratzt, beinahe ausgeleckt.“

Es sollte noch bis zum Jahre 1948 dauern, bis sich mit der Währungsreform die Versorgungslage mit Nahrungsmitteln und Verbrauchsgütern merklich besserte. Vordem blühte der Schwarzmarkt in dunkler Vielfalt mit allen Dingen des täglichen Lebens.

Als der Schulleiter nach dem Kriege von seinem Bruder aus Kalifornien das erste Paket erhielt, in dem sich Tabakwaren befanden, musste er für 390 Zigaretten und 30 Zigarren 450 Reichsmark Zoll bezahlen, mehr als ein Monatsgehalt. Um das Paket einzulösen, war er gezwungen, sich Geld zu leihen.

Für eine amerikanische Zigarette wurden bis zu sechs Reichsmark gezahlt.

Immerhin aber konnte sich der Schulmeister zu Beginn des Jahres 1948 bereits ein altes, aber noch gebrauchsfähiges Fahrrad für 1600 Reichsmark leisten. Bezahlt hatte er es weitgehend mit amerikanischen Zigaretten.

Auf Hochwasser ist immer Verlass: „Frisches Brot gefällig?"

Über nichts wird häufiger geredet als über das Wetter. Das war anno dazumal auch schon so. Und früher, so hieß es dann, sei alles anders und besser gewesen. Die Sommermonate hätten sich als beständiger erwiesen, zu Weihnachten habe es stets geschneit, und auf der Wakenitz habe man wochenlang Schlittschuh laufen können. Nur in einem Punkt waren und sind sich die Lübecker einig: auf die Trave kann man sich verlassen. Denn alle Jahre wieder schwappt sie, von einem kräftigen, über die Ostsee fegenden Nord-

Mehrmals im Jahr macht das Hochwasser besonders den Anwohnern der Obertrave zu schaffen. So auch in den Jahren 1904 und 1913. Mit Booten musste man sich behelfen, um für die alltäglichen Bedürfnisse gewappnet zu sein.

ostwind zurückgedrängt, stadteinwärts und überflutet die Ufer und angrenzenden Straßen. Mal mehr, mal weniger.

Hart traf es die Anwohner aber in den letzten Dezembertagen des Jahres 1913. Nicht nur die Obertrave, auch die Untertrave mit den abzweigenden Gruben stand unter Wasser. Stecknitzfahrer sorgten mit ihren Booten dafür, dass die Anwohner mit den notwendigsten Dingen des täglichen Lebens beliefert werden konnten, die Straßenbahn musste den Verkehr an der Untertrave einstellen, und nur unter Aufbietung zahlreicher Arbeitskräfte gelang es, aus den Warenschuppen der Kaufmannschaft kostbare Güter zu bergen.

Noch kritischer hatte sich die Lage neun Jahre zuvor dargestellt. Ein seit 1872 in dieser Gewalt nicht mehr erlebter Sturm hatte die Fluten in der Silvesternacht des Jahres 1904 in die Stadt gespült und das Wasser auf 2,10 Meter über Normalnull ansteigen lassen.

Manch einer machte aus der Not dennoch eine Tugend. Wie jener Bäcker zum Beispiel, der allen Gewalten zum Trotz mit seinem Brotwagen in der ebenfalls überschwemmten Engelsgrube aufkreuzte. „Nur widerwillig“, so berichteten die „Vaterstädtischen Blätter“, „trottete das Rößlein in die kalte Flut hinein. Vor jedem unter Wasser stehenden Haus hielt der Kutscher an, knallte dreimal kräftig mit der Peitsche und rief dann: ‘Frisches Brot gefällig?’ Alsbald öffneten sich im ersten wie im zweiten Stock der Häuser die Fenster, aus denen heraus die Bestellungen aufgegeben wurden. Mit großer Handgewandtheit und Promptheit wurden sofort alle Aufträge erledigt. In einem gewaltigen Bogen flog ein Feinbrot in ein Fenster des zweiten Stockwerks, mit etwas weniger Schwung gelangten Schwarzbrot und Semmel in ein Fenster des ersten Stocks und so fort, bis alle Wünsche befriedigt waren.“

Unruhiges Götterleben auf der Puppenbrücke

Zu Lübeck auf der Brücken,
da steht der Gott Merkur.
Er zeigt in allen Stücken
Olympische Figur.
Er wusste nichts von Hemden
in seiner Götterruh;
drum kehrt er allen Fremden
den bloßen Podex zu.

So skizzierte einst der Lübecker Dichter Emanuel Geibel eine der markantesten Figuren, die auf der über den Stadtgraben führenden Puppenbrücke postiert ist. Mit Merkur teilt sich auch der Flussgott Trave den Platz auf dem nördlich gelegenen Brückengeländer.

Aber auch die Tugenden, dargestellt in allegorischen Figuren, geben sich hier ein buntes Stelldichein, die „Eintracht“ mit Liktorenbündel und Delphin, der „Friede“ mit Palmwedel und Korngarbe, die „Klugheit“ mit Spiegel und Schlange sowie die „Freiheit“ mit Krone und Katze zu Füßen.

Doch längst stehen nicht mehr die Originale an ihrem Platz, wie sie der Bildhauer Dietrich Jürgen Boy aus Sandsteinblöcken geformt hatte, die 1774 aus dem sächsischen Elbsandsteingebirge nach Lübeck verfrachtet worden waren.

Bereits im Jahre 1908 waren unruhige Zeiten für sie angebrochen, als der alte Bahnhof vor dem Holstentor ausgedient hatte und der neue an seiner heutigen Stelle jenseits der Puppenbrücke in Betrieb genommen worden war. Die alte Brücke wurde 1928 durch einen Neubau ersetzt, der die Fahrbahn um mehr als das Doppelte verbreiterte. Bewegte Zeiten brachen damit

„Zu Lübeck auf der Brücken, da steht der Gott Merkur". (Postkarte: Schöning & Co + Gebr. Schmidt, Lübeck).

auch für die Götter und die Tugenden an. Sie wurden zwar wieder auf den Plan gehoben, rückten aber aufgrund der größeren Dimensionierung der Brücke soweit auseinander, dass ihre Kommunikation schon damals erheblich beeinträchtigt wurde. Sie kamen kaum mehr zum Luftholen, und wenn, waren es vorwiegend blaugraue Abgase, die sie inhalieren mussten.

Im Jahre 1985 hatten Lübecks Stadtväter schließlich ein Einsehen und wiesen den Göttern den ruhigen Garten im St.-Annen-Museum zu. Ihren Platz auf der Puppenbrücke nehmen seitdem Stuntmen ein, aus handfestem Gestein nachgeformte Figuren, die sich auch mit „blankem Podex“ den Umweltbelastungen ganz einfach besser gewachsen zu fühlen scheinen.

Noch hatte Walter Heyer, der einst beliebte Leiter des Lübecker Polizei-Chors, im Jahre 1977 den Original-Merkur im Blick, als er Geibels freizügigen Vers vertonte und seinerseits eine zweite Strophe hinzufügte, in der er die hinter Merkur stehende weibliche Statue seufzen ließ:

Daneben auf der Brücken
steht auch ‘ne Dame aus Stein.
Die sieht den verlängerten Rücken
und findet das gar nicht so fein.
Sie sieht ihn schon etliche Jahre
und wäre sie nicht stumm,
dann hätte sie längst schon gesagt:
He, Merkur, dreh dich mal um!

Vor der Bibelstunde – Schokolade und Rumgrog

Viele Anekdoten ranken sich um Wilhelm Kieckbusch, der 1961 durch Beschluss der Synode zum ersten Bischof der Landeskirche Eutin bestellt wurde, der aber auch in Lübeck mit seiner sonoren, die Herzen bewegende Stimme wiederholt das Wort Gottes verkündete. Wilhelm Kieckbusch war ein Bischof „zum Anfassen“ gewesen, ein aufrechter Streiter Gottes, ein wortgewaltiger Kanzelredner, der die Kirchen füllte, ein Mann, der die Sprache des Volkes zu sprechen verstand.

Es zeugt für die große Ausstrahlungskraft dieser Persönlichkeit, dass auch Wilhelm II. den damals noch in Hamburg tätigen Pastor Kieckbusch mehrfach in sein Doorner Exil bat, um ihn in der dortigen Hauskapelle predigen zu lassen.

So mitfühlend und freigiebig im christlichen Sinne war er gewesen, dass seine Ehefrau, wie man sich schmunzelnd erzählte, schon vor dem 2. Weltkrieg eine strenge Kontrolle über seinen Kleiderschrank ausüben musste, weil er keinen bedürftigen Bittsteller ohne das gewünschte Kleidungsstück wieder von dannen ziehen lassen wollte. Vor Beginn eines jeden Gottesdienstes grüßte er das arme Mütterlein, die Kranken und die Gebrechlichen, die aufgrund ihrer Gebrechen nicht den Weg in das Gotteshaus hätten finden können, er gedachte auf einer Eutiner Synodentagung auch der allgemeinen Armut in der Welt und rief die Versammelten zu einem beherzten mildtätigen Opfer auf. Als er bemerkte, wie ein Synodaler am Opferstock zögerte, einen 20-Mark-Schein zu spenden, munterte er ihn mit den Worten auf: „Herr Synodaler, hinein damit in den Kasten, der Hunger in der Welt ist groß!“

Zur Bekräftigung seiner Worte schlug er gelegentlich auch machtvoll auf das Pult der Kanzel. Mitunter, wenn er bei einer Trauerfeier in der Kirche über dem Sarg stand und das Leben des Verblichenen in allen Einzelheiten noch einmal Revue passieren ließ, konnte es auch schon passieren, dass er seine Faust voller Energie auf den Totenschrein herniedersausen ließ. Was einen alten Lübecker Landwirt bei einer dieser Trauerfeiern zu der drohend liebevollen Randnotiz veranlasste: „Wenn er das später bei meiner Beerdigung macht, dann beiß ich ihm in den Finger."

Unvergessen geblieben sind für etliche ländliche Einwohner vor den Toren Lübecks die im Winter monatlich abgehaltenen Bibelstunden mit Wilhelm Kieckbusch im Neudorfer Krug bei Eutin. Für die Dauer der Andacht wurde der Tresen mit einem Bettlaken überdeckt. Um seinen Schäflein die Bibelstunden zu versüßen, spendierte der Geistliche den Frauen vorweg ein Stück Schokolade und den Männern einen „Drüppen för de Gripp" – einen Rumgrog. An einem dieser Abende hätte es des Grogs allerdings gar nicht mehr bedurft. Denn fast alle anwesenden Herren hatten zuvor bereits auf der Geburtstagsfeier des Kaufmanns Tamm kräftig zugelangt. Dennoch hatte man sich verpflichtet gefühlt, den damals noch als Propst amtierenden Gottesmann nicht im Stich zu lassen. „Wer fehlt, zahlt eine Runde", hatten sie vereinbart. Und so hatten sie sich denn auch an diesem Abend, zum Teil am stützenden Arm ihrer Ehefrauen, wieder um Wilhelm Kieckbusch versammelt, um von ihm Gottes trostreiches Wort auch unter erschwerten Umständen zu vernehmen.

Bischof Kieckbusch starb 1987 im Alter von 95 Jahren. Seine imponierende Persönlichkeit, die er den Menschen nicht nur von der Kanzel herab offenbarte, sondern auch, wenn er nach allen Seiten händeschüttelnd und seinen großen stadtbekannten Hut schwenkend, oft auch durch Lübecks Straßen schritt, bleibt unvergessen. „Die Zeit ist weder groß noch klein – leg nur deinen Wert hinein“, lautete eine seiner optimistischen Lebensmaximen.

Lübecker Volksfest: „Schöner als das Paradies“

Alljährlich im Juli findet in Lübeck das „Volks- und Erinnerungsfest“ statt, und das, mit vorwiegend kriegsbedingten Unterbrechungen, schon seit 1848. In jenem Jahr wurde es zum ersten Mal gefeiert aus vaterstädtischer Freude über die auch im Lübecker Rathaus erwirkte freiheitlichere Verfassungsreform. „Das Paradies mag schön gewesen sein, aber das Lübecker Volksfest ist schöner!“ Mit diesem Jubelruf endete im Jahre 1910 ein Bericht im „General-Anzeiger“ über das traditionsreichste Fest der Hansestadt. Zunächst fand es auf dem Bürgerschützenhof in der Nähe des heutigen Hauptbahnhofs statt, doch schon 1852 wurde es aufs Burgfeld verlegt. Und es sollte sich von Jahr zu Jahr stets wachsender Beliebtheit erfreuen.

Nicht zuletzt sorgten stets neue Attraktionen dafür, dass sich die Lübecker wie magnetisch vom bunten Treiben auf dem Burgfeld angezogen fühlten. Im Jahre 1911 erregten eine künstliche Rodelbahn ebenso allgemeine Bewunderung wie der „dickste Mann der Welt“, der sich in einer Schaubude präsentierte. Er hieß Karl Abs und kam alljährlich in einem Güterwagen aus seiner Heimat, aus Kupfermühle bei Bargteheide, angereist.

Zwei Jahre später konnte man über des „Kaisers größten Soldaten, den langen Josef“, staunen. Er verfügte über die stattliche Länge von 2,39 Meter. Ihm gesellten sich die beiden vermeintlich letzten noch lebenden Azteken hinzu. Der Flohzirkus gehörte in den folgenden Jahren ebenso zu den besuchten Sensationen wie das ausgestopfte Kalb mit zwei Köpfen. Die Zukunft deutete ein nicht mehr ganz junger, einst weißer Kakadu, der aus einer Zigarrenkiste die entsprechenden Zettelchen für den Kunden zog.

Dann aber war erst mal Schluss mit Firlefanz und Hokuspokus. Das Donnergrollen des 1. Weltkriegs übertönte die plärrende Orchestrionmusik. Statt Würstchenbuden wurden Baracken für Verwundete auf dem Burgfeld aufgestellt. Erst 1920 wagten es einige Schausteller, auf dem von Baracken freigebliebenen Teil des Burgfelds wieder in bescheidenem Umfang eine Budenstadt zu errichten. Doch so rechte Freude wollte sich bei diesem „Ersatzvolksfest", wie es von den Gazetten bezeichnet wurde, nicht wieder einstellen. „Leidiger Parteienhass", so hieß es, habe dazu beigetragen, dass aus dem Volksfest eine Klamaukveranstaltung geworden sei, die jeden historischen und vaterstädtischen Hintergrundes entbehre.

Schließlich mussten die Schausteller das Burgfeld sogar räumen, nachdem es von den letzten Baracken befreit worden war. Bereits 1924 hatten die „Lübeckischen Blätter" kritisch angemerkt, dass es keine Be-

Volksfest zu Lübeck: Blick von der Festhalle auf die Budenstadt am Burgfeld.

rechtigung dafür gäbe, den Platz lediglich in Hinblick auf das nur einmal im Jahr gefeierte Volksfest leer und ungenutzt liegen zu lassen, auf ein Fest, an dessen „gröberen Genüssen“ doch nur einige wenige Volkskreise interessiert seien. Vielmehr habe die Jugend ein Anrecht darauf, in der Nähe der Stadt einen guten Spiel- und Sportplatz zur Verfügung zu haben.

Drei Jahre später entsprach die Stadt diesem Vorschlag. Die Schausteller wurden auf einen Wiesenplatz vor dem Lauerholz hinter dem Restaurant „Bürgerhof“ verbannt. Weil sie durch diese Umsiedlung erhebliche Umsatzeinnahmen befürchteten, forderten sie die Stadt auf, die Höhe der Standgelder zu verringern, eine Ermäßigung der Straßenbahn-Fahrpreise für die Volksfestzeit einzuführen und eine verstärkte Werbung für das Fest zu betreiben. Und man kam ihren Wünschen entgegen.

So konnte der „Lübecker General-Anzeiger“ am 23. Juli 1931 denn auch beruhigend feststellen: „Es kann nicht bestritten werden: der Schaustellerplatz hinter den Sandbergtannen an der Travemünder Allee hat sich durchgesetzt.“ Auch wenn er nach 1945 noch einmal für einige Jahre an die Possehlstraße verlegt werden musste, weil sich auf dem früheren Festplatz noch für geraume Zeit die Trümmer der Lübecker Bombennacht von 1942 häuften.

Von Jochen Klöterjahn und Bismarck

Es gab sie einmal, Originale, die aufgrund ihrer besonderen Eigenarten in die lokale Geschichte eingegangen sind. Die heutige Zeit ist zu nüchtern und schnelllebig geworden, als dass man von ungewöhnlichen Menschen am Rande des hastigen Alltagsgetriebes noch irgendeine Notiz zu nehmen gewillt ist.

Das war einmal anders. Ein stadtbekanntes Original war zum Beispiel Jochen Klöterjahn, ein Gelegenheitsarbeiter mit Pranken wie Getreideschaufeln, einer Schuhgröße, die selbst einem Elbkahn zur Ehre gereicht hätte, und einer Stimme, die Elefantengebrüll glich. „Jochen, gröhl mal, kriss auch'n Köm!" brauchte man ihm nur hinterherzurufen, und schon posaunte er los, dass die Scheiben klirrten und die Fensterläden wackelten. Hatte er den einmal versprochenen Schnaps hinter die Binde gekippt, gab er vor, ein ganz anderer Mensch geworden zu sein, der auch noch gern einen Korn vertragen könne.

War keiner bereit, ihm einen Köm zu spendieren, bettelte er in den Kneipen um den Inhalt des „Leckbrettes". Das war ein doppelbödiger, im oberen Blech durchlöcherter Zink- oder Nickelaufsatz der Theke, in dem sich alle Bier- und Schnapsreste sammelten. Diesen Cocktail nahm sich Jochen Klöterjahn ein übers andere Mal zur Brust, um hernach seinen Rausch in irgendeinem Schuppen oder Pferdestall auszuschlafen. Kaum war er halbwegs wieder erwacht genügte schon die Aufforderung: „Jochen, gröhl mal, kriss auch'n Köm!" und das grausame Spiel begann von neuem.

Und dann war da das Friseur-Ehepaar Bismarck. An sich hießen die beiden Hilprecht oder so ähnlich, genannt wurden sie aber nur „Bismarck“. Ob diese Bezeichnung nur mit der Baartracht des kleinen Friseurs zusammenhing oder ob es eine Ironie der völligen Gegensätzlichkeit zur Gestalt des „Eisernen Kanzlers“ war, ist nicht verbürgt.

Bismarck bediente die Kundschaft direkt am Hafen, zumeist auf den Schiffen unter freiem Himmel irgendwo zwischen den Frachtgütern, die von den Trägern ein- und ausgeladen wurden. Erspähte er an Deck einheimischer und fremder Schiffe einen bärtigen Seemann, machte er sich bemerkbar und rief, während er mit der Hand unter sein Kinn fuhr: „Pst, sall he wech för fief?“ Sein eigenwilliger Werbespruch wurde zum geflügelten Wort in der Hafengegend, sei es in der Großen Altenfähre, im Engelswisch oder im Hellgrünen Gang. Überall raunte man hinter ihm her: „Pst, sall he wech för fief?“

Bismarck nahm es gelassen, war sich trotz des Kleinwuchses seiner Größe bewusst und fühlte sich eher honoriert als veräppelt. „Mutter Bismarcksch“, wie seine Frau tituliert wurde, betrieb daneben ein Fünfpfennig-Friseurgewerbe in einem winzigen Laden dicht am Hafen. Mit Fleiß und Ausdauer rasierte man sich eine reiche Kinderschar zusammen, die jedoch schon in jungen Jahren dahinsiechte.

Mutter Bismarck, stets für ihre Art fein angezogen, ging bald täglich denselben Weg durch die Israelsdorfer Allee zum Burgtorfriedhof. Mit der Zeit aber wurde sie tüterig, kleidete sich in absonderlicher Weise und achtete weder des Spotts noch der mitleidigen Teilnahme der Vorübergehenden.

Die Ehe zerbrach. Bismarck selbst, dem der zunehmende Schnapskonsum die einst flinken Friseurfinger zittrig und unsicher gemacht hatte, landete im Armenhaus. Dennoch blieb er der kleine feine Mann, der sich Sonntagnachmittags, wenn es im Armenhaus Ausgang gab, mit seinen uralten, abgetragenen Kleidungsstücken herausstaffiert, immer wieder einmal zum Hafen begab, zu seinen lebenslang geliebten Schiffen. Und ein seliges Gefühl kam dabei immer wieder in ihm hoch, wenn ihm gleichsam im Geheimen seine ureigensten Worte noch einmal nachgerufen wurden: „Pst, sall he wech för fief?“

700-Jahr-Feier: Nach dunklen Wolken strahlte die Sonne

Der schönste Festzug, den Lübeck wohl je gesehen hat, bewegte sich am Mittag des 6. Juni 1926 durch die Straßen der Innenstadt. Der Umzug bildete zugleich den Höhepunkt der Festlichkeiten anlässlich der 700-jährigen Reichsfreiheit Lübecks. Zuvor hatte Thomas Mann im Stadttheater den vielbeachteten Vortrag über „Lübeck als geistige Lebensform" gehalten, hatte Hermann Abendroth ein Sinfoniekonzert im Kolosseum dirigiert, waren Hunderte von Menschen zum Festgottesdienst in St. Marien zusammengekommen.

Dunkle Wolken hatten sich allerdings noch wenige Tage vor dem großen Ereignis über Lübeck zusammengebraut. Zeitweise schien es sogar, als sollte die 700-Jahr-Feier ganz und gar ausfallen. Ausgelöst wurde die Unruhe in der Stadt durch ein Extrablatt des „Lübecker Volksboten", das am 12, Mai mit der sensationellen Meldung erschienen war, dass der Lübecker Bürgermeister Dr. Neumann an einem geplanten, aber noch vorzeitig aufgedeckten Rechtsputsch beteiligt und im Falle eines Sieges zum „Diktator" ausersehen gewesen sei.

Bei Justizrat Dr. Claß, dem Vorsitzenden des Alldeutschen Verbandes, sei eine Liste mit den Namen der Männer gefunden worden, die nach Gelingen des geplanten Putsches die Staatsämter übernehmen sollten. Der Name des Lübecker Bürgermeisters habe in dieser Liste an erster Stelle gestanden.

Dr. Neumann dementierte sofort jede Beteiligung an irgendwelchen Putschplänen. Zwar räumte er ein, von Claß ein Schreiben erhalten zu haben, in dem jener ihm angeraten habe, das Amt des Reichskanzlers zu übernehmen, doch habe er diesen Vorschlag postwendend zurückgewiesen.

Szenenbild aus dem fulminanten Festzug zur 700-Jahr-Feier der Reichsfreiheit Lübecks im Jahre 1926. Im Hintergrund der Breiten Straße ist die Jakobikirche zu erkennen.

Für den Bürgermeister aber bedeutete diese Affäre dennoch das Ende seiner politischen Laufbahn. Ein von der sozialdemokratischen Fraktion eingebrachtes Misstrauensvotum wurde angenommen, und am 2. Juni, wenige Tage vor den Feierlichkeiten zur 700-Jahr-Feier, trat der Bürgermeister von seinem Amt zurück. Noch ein anderer Umstand hätte das Fest fast zum Platzen gebracht. Es fehlte am nötigen Gelde zur würdigen Ausgestaltung der Feierlichkeiten. Da erwies sich die Marzipan-Lotterie, vom Hause Niederegger vorgeschlagen, als Retter aus der Not. Man fertigte hohle Marzipankugeln an, in die in Kapseln Geld, Gutscheine oder Nieten eingearbeitet waren – zu einem Selbstkostenpreis von acht Pfennig. Weder durch Drücken noch durch Einstechen konnte man Fortuna beschwindeln. Die ab 12. Dezember 1925 feilgebotenen Kugeln waren innerhalb einer Woche verkauft. Der Stückpreis von einer Mark, mit der die Kugeln gehandelt wurden, erbrachte nach Abzug der Gewinne einen Reinerlös von 34 000 Mark.

Da dies so gut gelaufen war, wiederholte man die Aktion im April 1926 noch einmal mit 200 000 Kugeln, in denen zehn, 100 oder gar 1000 Mark verborgen sein konnten. Auch diese zweite Auflage verkaufte sich im Handumdrehen. Die „Jubelkugelmänner“ mit ihren rotweißen Umhängen und den hohen Mützen mit dem lübschen Doppeladler und der Aufschrift „Ostseekugeln“ gehörten wochenlang zu Lübecks Straßenbild. Die offizielle Bezeichnung „Ostseekugel“ indes war schon bald verschwunden. In großer Vorfreude auf die 700-Jahr-Feier sprach man nur noch von der „Jubelkugel“.

Und das Fest konnte endlich beginnen. „Allein die Pracht des Festzugs“, so berichtete der „Lübecker General-Anzeiger“ tags darauf, „riss die Menschen immer wieder zu stürmischem Jubel hin. Der Farbenreichtum, die Belebtheit der Gruppen, die Schönheit der Gewänder, die zahllosen prunkvollen Festwagen schufen zusammen Bilder, die der Feier würdig waren.“

Auch die „Vaterstädtischen Blätter“ kamen in ihrem Resümee über den Ablauf der 700-Jahr-Feier zu dem Ergebnis, dass sich die Stadt Lübeck ihrer würdig erweisen habe: „Die große Zahl der Festgäste, Vertreter deutscher und ausländischer Staaten, wissenschaftlicher und wirtschaftlicher Körperschaften, Vertretungen von Städten des ehemaligen Hansebundes gaben dem Feste eine Bedeutung, wie sie in der fast 800-jährigen Geschichte Lübecks einzig dasteht." Den Abschluss der Festtage bildete die „großartige, wohl als einmalig zu bezeichnende Beleuchtung der Stadt. Kaum ein Haus hatte sich ausgeschlossen. Glänzender kann die vom Chronisten gerühmte Illumination der Stadt beim Besuche Kaiser Karls IV. auch im Jahre 1375 nicht gewesen sein, in der 14 Tage lang die Nacht zum Tage ward und die Musik kein Ende fand."

„Hermann ist auf seiner Höhe“

Einer der schönsten Wanderwege vor den Toren Lübecks führt von Travemünde nach Niendorf, entlang der 15 bis 20 Meter hohen Steilküste des Brodtener Ufers, benannt nach dem zwischen beiden Orten gelegenen lübeckischen Dorf Brodten. Vom vier Kilometer langen Weg reicht der Blick weit über die Lübecker Bucht hinaus bis nach Mecklenburg. Auf halber Strecke befindet sich das Restaurant „Hermannshöhe“, das anfangs nur eine kleine Erfrischungsbude gewesen war. Der Name „Hermannshöhe“ geht zurück auf den Lübecker Konsul Hermann Fehling, der es über alles geliebt hatte, auf dem Steiluferweg an der Ostsee zu promenieren und auf bezwungener Höhe

Die „Hermannshöhe“ im Jahre 1914: Eine verandaähnliche Bude lud die Spaziergänger nach ihrem Weg über das Brodtener Ufer zu erfrischender Limonade ein.

entspannend zu verweilen. Und wenn in Travemünde jemand fragte, wo denn der Herr Konsul anzutreffen sei, wurde ihm sehr häufig beschieden: „Der Hermann ist auf seiner Höhe.“

Einen fest markierten Weg auf dem Brodtener Ufer gibt es erst seit 1903. Vordem musste man sich mit einem Trampelpfad begnügen, wollte man des zauberhaften Blicks über die Ostsee teilhaftig werden. Viel hätte übrigens nicht gefehlt, und der von Einheimischen wie Touristen gleichermaßen geliebte Spazierweg wäre im Jahre 1961 mit einem Stacheldrahtverhau versperrt worden. Denn die zehn Landwirte, denen die Grundstücke auf dem Steilufer weitgehend gehören, forderten von der Stadt Lübeck damals für die Bereitstellung der Wegeflächen einen erheblich höheren Zins als vorher.

Die Stadt hatte ihnen bis dahin aufgrund eines Flächenentgelt-Vertrages jährlich einen Pachtzins von vier Pfennig pro Quadratmeter Weges gezahlt. Nun verlangten die Bauern 80 Pfennig pro Quadratmeter, das Zwanzigfache des alten Betrages. Die geforderte Erhöhung des Pachtzinses begründeten sie unter anderem damit, dass sie erheblich benachteiligt würden, da ihre Grundstücke im Landschaftsschutzgebiet lägen und nicht bebaut werden dürften. Anderen Landwirten brächten Grundstücke an der Lübecker Bucht Quadratmeter-Preise bis zu 1,20 Mark, wenn dort zum Beispiel ein Campingplatz angelegt würde. Die Stadt aber wies die Forderungen der Landwirte zurück, vermochte letztlich auch mit ihrem Einlenken, fortan 20 Pfennig zahlen zu wollen, kein offenes Ohr bei den Bauern zu finden.

Der Streit schien zu eskalieren, als die Grundstückseigentümer daraufhin androhten, die Touristenattraktion zu verbarrikadieren und die Stadt ihrerseits mit der Ankündigung von Enteignungsverfahren und einstweiligen Verfügungen dagegenhielt. Am Ende einigte man sich dann doch noch auf einen Kompromiss.

Einige Jahre später hatte sich die Erfrischungsbude bereits ein wenig gemausert und war zum Vorläufer des heutigen Restaurants „Hermannshöhe" geworden.

Das Ansinnen der Landwirte nach einem höheren Zins mag zusätzlich als berechtigt erschienen sein, als sie ständig neue Flächen ihres Ackerlandes für den Höhenweg bereitstellen müssen. Denn Jahr für Jahr bröckelt das Steilufer, besonders im Frühjahr nach der Eis- und Schneeschmelze, um etwa einen halben Meter ab, so dass der Weg von Zeit zu Zeit immer weiter ins Landesinnere zurückverlegt werden muss. Die Spaziergänger, die von hier aus zu jeder Jahreszeit den einmaligen Blick über die Ostsee genießen, schert es wenig. Sie erfreuen sich, wie damals schon Konsul Hermann Fehling, eines Naturerlebnisses, das die Seele berührt und die Phantasie über das blauschimmernde Meer bis in die Weite des Horizonts entführt.

Gott und die Welt zu Gast in Travemünde

Travemünde, gern auch „Lübecks schönste Tochter“ genannt, wurde im Jahre 1802 als drittes deutsches Seebad nach Heiligendamm und Norderney gegründet. Gott und die Welt waren hier seitdem zu Gast. Bereits 1805 machte der damals 17-jährige Joseph Freiherr von Eichendorff, ein gebürtiger Schlesier und damals Jurastudent in Halle, im Verlauf einer Reise in den Norden zusammen mit seinem Bruder Wilhelm Station in Travemünde.

Gleich nach ihrer Ankunft ließen sie sich in die offene See hinausrudern. Und so fasziniert zeigte sich Joseph von Eichendorff von diesem kleinen Törn, dass er in seinem Tagebuch vermerkte: „Ewig wird der Anblick des Meeres meiner Seele vorschweben.“

Im Jahre 1837 verweilte Richard Wagner für einige Tage in Travemünde, auf dem Weg nach Riga, wo er eine Stelle als Musikdirektor antreten sollte. Stürmische Winde verhinderten fürs erste die Weiterreise ins

Travemünder Strandleben zu Zeiten Thomas Manns.

Baltikum. In einer elenden Schifferkneipe, so vermerkte der damals 24-Jährige in seinem Tagebuch, habe er eine Woche lang zubringen müssen, bis endlich die Segel hätten gesetzt werden können.

Nachdem im Jahre 1825 die Travemünder Spielbank und kurz darauf die Dampfschifffahrtsverbindung zwischen dem Ostseebad und St. Petersburg eröffnet worden waren, sollte sich Travemünde zur Drehscheibe frühtouristischen Getriebes entwickeln. Spieler und Spekulanten, fürstliche Hoheiten und verkrachte Existenzen gaben sich hier ein buntes Stelldichein. Und auf ihrer Weiterfahrt nach Baden-Baden, Paris oder London machten die russischen Reisenden oftmals Zwischenstation in Travemünde, um ihr Glück beim Roulette zu versuchen. Unter ihnen auch der Dichter Nikolai Gogol, der nach der Aufführung seines umstrittenen Schauspiels „Der Revisor“ Russland im Jahre 1836 verlassen hatte, um sich bis 1848 im Ausland aufzuhalten. Länger als vorgesehen, hatte bereits fünf Jahre zuvor der Dichter Iwan Turgenjew im „Hotel de Russie“ logiert, das 1914 in „Hotel Deutscher Kaiser“ umbenannt worden war. Schon auf der Fahrt nach Travemünde hatte er in feudaler Gesellschaft so viel Rubel verspielt, dass er im Hotel an der Vorderreihe solange auf Kredit wohnen musste, bis neues Geld vom väterlichen Gut aus Spasskoje eingetroffen war. Auf der Flucht vor seinen Gläubigern befand sich auch Fjodor Michailowitsch Dostojewski, als er im Jahre 1866 im Travemünder Casino noch einmal alles auf Rouge oder Noir setzte, bevor er seine Irrfahrt ins Ausland fortsetzte.

Längst hatte sich in Lübeck Unmut über die Travemünder Spielhölle breit gemacht, der sich im Jahre 1859 in den „Lübeckischen Blättern“ deutlich artikulierte: „Dieses Spiel“, so heißt es da, „wird in Travemünde so viel, so nachhaltig betrieben, dass Verlust und Gewinn am Grünen Tisch den Hauptinhalt der skandalösen Chronik der Badegesellschaft bilden. In dieser Gesellschaft, in der bankrotte Kaufleute und lendenlahme Landjunker, vagabundierende fremde Offiziere, geldstolze Bauern und abgefeimte Lüstlinge als die besten Kunden den Ton angeben, herrscht eine Nichtachtung von Ehre und Anstand, die bis zur offenen Frivolität und Beleidigung ausartet."

Starker Tobak anno dazumal. 1872 wurde das Glücksspiel im Ostseebad per Reichsgesetz verboten, und erst seit 1949 rollt die Kugel wieder in Travemünde. Geschichten, Namen und Ereignisse reihen sich in der über 200-jährigen Geschichte des Ostseebades in bunter Folge aneinander.

Natürlich darf da auch Kaiser Wilhelm II. nicht fehlen, der 1894 mit seiner Yacht „Meteor" zum ersten Mal an der Travemünder Woche teilnahm. Und schon gar nicht der Name Thomas Mann, der auch dem Ostseebad mit seinem 1901 erschienenen Roman „Buddenbrooks" ein literarisches Denkmal gesetzt hat. Noch 25 Jahre später, anlässlich der Feierlichkeiten zum 700-jährigen Jubiläum der Lübecker Reichsfreiheit, gesteht Thomas Mann in seinem Festvortrag im Stadttheater ein: „In Travemünde, wo ich die unzweifelhaft glücklichsten Tage meines Lebens verbracht habe, gingen das Meer und die Musik in meinem Herzen eine ideelle, eine Gefühlsverbindung für immer ein." Und noch wenige Wochen vor seinem Tod im Jahre 1955, nach einem letzten Besuch Lübecks und Travemündes, bekennt Thomas Mann: „Der Gedanke, die Luft Travemündes, des Kinderparadieses, noch einmal geatmet zu haben, sitzt lächelnd um mein Herz."

„Dat Bild blivt hängen, Herr Senater!“

Allwöchentlich findet sich eine Runde von Kapitänen und Kaufleuten auch heute noch unter dem so genannten Beichtstuhl der Schiffergesellschaft zum „Bismarck-Stammtisch“ zusammen, und das seit seiner Gründung im Jahre 1871. An das von ihnen nach wie vor hochgehaltene Bismarck- Portrait des Lübecker Malers August Diedrich Stubbendorf knüpft sich eine für das Selbstbewusstsein des damaligen Bürgertums charakteristische Begebenheit an.

Als Kaiser Wilhelm II. 1891 seinen ersten Staatsbesuch in Lübeck absolvierte, hatte er den Wunsch geäußert, auch die Schiffergesellschaft besichtigen zu wollen, die 1868 vom einstigen Zunfthaus in eine öffentliche Gaststätte umgewandelt worden war.

Der mit den Vorbereitungen für den Empfang des hohen Besuches betraute Senator Klügmann verlangte bei einer Ortsbesichtigung, dass das Bismarck-Portrait während der Kaiser-Visite zu entfernen sei. Schließlich war der „Eiserne Kanzler“ gerade erst von dem jungen, selbstherrlichen Monarchen entlassen worden. Doch als Sprecher der Stammtisch-Runde konterte Theodor Glüsing: „Dat Bild blivt hängen, Herr Senater!“ Der Senat versuchte sich aus der Klemme zu retten, indem er völlig unmotiviert an sichtbarer Stelle in der Halle der Schiffergesellschaft eine eilig herbeigeschaffte Kaiserbüste aus Gips aufstellen ließ. Es war eine von jener Art mit dem hochdressierten Schnurrbart, den man „Es ist erreicht“ zu nennen pflegte.

Dennoch blieb die Sorge, wie Seine Majestät auf den bildlich nach wie vor präsenten Bismarck reagieren würde. Der Kaiser schaute sich interessiert in der großen Halle um, betrachtete die verschiedenen Schiffs-

Viermal war Kaiser Wilhelm II. zu Gast in Lübeck. Hier eine Aufnahme vom 9. August 1913: Paradeaufstellung des Lübecker Regiments, das Seiner Majestät bei seiner Stippvisite in der Hansestadt die militärischen Ehren erwies.

modelle, den Eskimo im Kajak, die Bronzeleuchter und die Gemälde an den Wänden. Am Ende fiel sein Blick auch auf das Bismarck-Portrait. „Ein gutes Bild“, sagte er nur beiläufig im Vorübergehen. Da gab's dann ein freundliches Helles, in Silberhumpen kredenzt, und einen befreiten Willkommensgruß vom Ältermann der Schiffergesellschaft, Kapitän J. C. Steffen, „auf Seine Majestät den Kaiser!“

Tausende von begeisterten Lübeckern säumten die Anlage am Elbe-Trave-Kanal, als Kaiser Wilhelm am 16. Juni 1900 auf dem Dampfer „Lubeca“ die erste Passage auf der neuen Wasserstraße zurücklegte.

Vom Fegefeuer ins Paradies

Es gibt in Lübeck so einige Straßennamen, deren Ursprung nur schwer nachzuweisen ist. Die Hüx- oder Wahmstraße zum Beispiel, die Schwönekenquerstraße, den Ganghof „Römisches Reich“ oder die kleine Petersilienstraße am Hafen.

Man kann in Lübeck aber auch durch die Straße „Fegefeuer“ an dem von ihr abzweigenden Gang namens „Hölle“ vorbei unmittelbar ins „Paradies“ gelangen, einer so bezeichneten Vorhalle des Doms. Es gab in früheren Zeiten aber auch einmal vor dem Mühlentor den „Ehebrecherstieg“ und in der Innenstadt nahe der Marienkirche den „Tittentastergang“.

Hier war eine Dienststelle untergebracht, in der der Ratsmedikus die jungen Mädchen und Frauen, die vom Lande kamen, um sich als Amme zu verdingen, auf Qualität, Zuverlässigkeit, Milchfülle und Gesundheit überprüfte. Eine Amme zu halten war seinerzeit eine kostspielige Angelegenheit, die nur in „besseren“ Kreisen möglich und üblich war. Und dazu bedurfte es schon besonderer Sicherheitsvorkehrungen. Heute würde vermutlich niemand mehr auf die Idee kommen, die Straße zum Gesundheitsamt als „Busentestweg“ zu bezeichnen.

Künstlertreff im Lokal „Zur Eule“

„Zur Eule“ nannte sich eine Künstlerkneipe im Hause Enger Krambuden Nr. 2, die in den 20er- und 30er-Jahren des vorigen Jahrhunderts der Treffpunkt Lübecker Sänger, Schauspieler und Literaten gewesen war. Hans-Peter Mainzberg, ein damals am Lübecker Theater gefeierter Bass-Bariton, erinnerte sich später an die Anfange des „Eulen-Treffens“:

Fröhliches Fest in der „Eule“ um 1926: rechts Fiete Eulert und Karl Gatermann (mit Zylinder), in der Mitte (aufs Knie gestützt), Kammersänger Mainzberg, hinten (als Clown) Carl Axel Follin, links Otto Anthes. (Aus „Der Wagen“, 1986).

„Es war uns leid, nach den Aufführungen in Lübecker Lokalen angestarrt zu werden, und wir waren auf der Suche nach einem ruhigen Lokal, wo uns keiner kannte.

Von einer Seite hörten wir, dass es in der engen Straße, die vom Markt zur Marienkirche führte, ein kleines Lokal gab, in dem nach Feierabend Kellner, Köche und Taxifahrer verkehrten und das ‚Zur Börse' hieß. Es sollte bis 4 Uhr morgens geöffnet sein und es sollte dort einen ausgezeichneten Grog geben.

Nun, wir gingen hin und waren erstaunt, dass es in dem Lokal nur vier Tische gab. Wir bestellten Grog, der wirklich sehr vorzüglich war. Dann wollten wir den Wirt etwas in Verlegenheit bringen und fragten ihn, ob er auch Sekt habe. Wir waren überrascht, als er uns sagte, dass er verschiedene gute Namen führe.

So kamen wir zu der Überzeugung, dass diese kleine Kneipe die richtige für uns war, da man dort unerkannt und ungezwungen bechern konnte."

Nach dem Namen des Wirtes, „Fiete" (Friedrich) Eulert, nannten sich die musischen Zecher schon bald „Die Eulen", das Wirtshaus „Zur Börse" wurde kurzerhand umgetauft und erhielt den Namen „Zur Eule".

Fiete Eulert, ein zweieinhalb Zentner schwerer Mann, war stolz darauf, solch illustre Gäste in seinem Krug bewirten zu können und wachte streng darauf, dass deren Stammtisch nicht von anderen Besuchern belegt wurde. So beherrschte er unter anderem die Gabe, Leute schlichtweg zu übersehen. Er nahm von den Gästen einfach keine Notiz, wenn er meinte, sie passten nicht in sein Lokal, mochten sie auch noch so lange auf eine Bestellung gewartet haben. Geistiger Mittelpunkt der „Eulen" war Prof. Otto Anthes, seinerzeit bürgerliches Mitglied der Theaterbehörde, l. Vorsitzender des Lübecker Volksbühnenvereins und Vorsitzender der Literarischen Gesellschaft. Um ihn scharten sich fast

„Fiete“ Eulert (links) vor seiner zerstörten „Eule“ 1942.

allabendlich Künstler der verschiedensten Sparten, um in feucht-fröhlicher Runde über alle möglichen Themen von kulturellem Belang zu disputieren.

Zur Tradition der „Eulen“ gehörte es, alljährlich in der Nacht zum 1. Mai auf den Markt zu ziehen und beim Ertönen der Mitternachtsschläge der Glocken von St. Marien das von dem Lübecker Dichter Emanuel Geibel textlich verfasste Lied anzustimmen: „Der Mai ist gekommen, die Bäume schlagen aus...“

Vorab hatte Otto Anthes den Gesang mit den Worten eingeläutet: „Dem Frühling zum Gruß, dem Dichter zur Ehr, und der lieben Hansestadt zur Freude!“

Doch nicht jeder fand Gefallen an dem Eulengesang. Schon gar nicht die Polizei. Hans-Peter Mainzberg erinnert sich: „Wenn wir ausgesungen hatten, mussten wir schnellstens in die Eule flüchten, da wir von der Polizei wegen ruhestörenden Lärms gejagt wurden. Mit den Jahren hatte uns dies so verdrossen, dass wir einen geharnischten Brief an den damaligen Polizeisenator Mehlein schrieben. Wir äußerten unser Befremden darüber, dass wir beim Absingen des Mailiedes zu Ehren des Dichters Emanuel Geibel und der Stadt Lübeck von der Polizei gejagt würden. Prompt erhielten wir vom Senator ein Schreiben des Inhalts, dass es der Eulen-Runde auch weiterhin gestattet sei, den späten Abend des 30. April mit Geibels Mailied ausklingen lassen zu dürfen“.

Zum harten Kern der Runde zählten neben Otto Anthes und Hans-Peter Mainzberg auch die Schauspielerin Fita Benkhoff, der Maler Karl Gatermann, der Dirigent Hermann Abendroth und Regisseur Jürgen Fehling. „Auch Joachim Ringelnatz tauchte eines Abends bei uns auf“, erzählt der 1977 verstorbene Opernsänger Mainzberg, „es wurde ein fröhliches Bechern bis in die frühen Morgenstunden.“

Selbst überregional ließ der „Eulen-Stammtisch" aufhorchen. So war auch der Hamburger Rundfunk auf ihn aufmerksam geworden und plante eine Sendung unter dem Titel: „Ein Abend in der Lübecker Eule." Otto Anthes sollte zunächst eine einleitende kleine Rede halten, danach sollte Mainzberg eine Reihe künstlerischer Lautenlieder vortragen und als Clou sollte Fiete Eulert Döntjes aus seiner holsteinischen Heimat erzählen.

Doch bei den Aufnahmen überfiel ihn ein solches Lampenfieber, dass er keinen Ton hervorbrachte. Die Sendung musste abgesagt werden. Der „Eulen-Stammtisch" hatte Bestand bis zur Vernichtung der Gaststätte in der Bombennacht Palmarum 1942. Doch schon vordem war es merklich stiller in der Runde geworden, bedingt durch den politischen Wandel in Deutschland und wohl nicht zuletzt auch deshalb, weil der Spiritus Rector der Gemeinschaft, Otto Anthes, Lübeck schon am 1. April 1936 verlassen hatte und nach Wiesbaden gezogen war.

Bewegte Zeiten um den Kaak

Kaum einen beliebteren Treffpunkt, vornehmlich für Schüler und Studenten, gibt es zur Weihnachtszeit als den Kaak auf dem Markt. Während von den Ständen nebenher der Duft von Thüringer Bratwurst, gebrannten Wiener Mandeln und Berliner Pfannkuchen herüberschwebt, entfaltet sich am Kaak das ganz besondere Aroma des Glühweins, das sich wie ein fröhliches Vorahnen auf das schönste Fest des Jahres über den ganzen Weihnachtsmarkt verströmt.

Kaum einer der Punschgenießer dürfte dabei um die besondere Bedeutung und Geschichte des Kaaks wissen, der im 15. Jahrhundert im Zuge der Niederen Gerichtsbarkeit als Pranger erbaut worden war und noch bis zum Anfang des 18. Jahrhunderts dazu diente, Übeltäter, Feilscher, Diebe und Betrüger, im so genannten Finkenbauer über dem Gebäude öffentlich zur Schau zu stellen. Der untere Teil wurde später als Butterbude genutzt, danach diente er auch Brot- und Weinhändlern als willkommen gelegener zentraler Verkaufsstand. Kaum war das Holstentor im Jahre 1863 mit knapper Not dem Abriss entgangen, sollte es wenige Jahre später auch dem Kaak an den Kragen gehen. Nur in letzter Sekunde konnte das Vorhaben vereitelt werden. Zum Sprachrohr der Befürworter für den Erhalt der mittelalterlichen Gerichtslaube hatte sich neben zahlreichen anderen deutschen Gazetten auch der „Hamburger Korrespondent“ gemacht. Darin hieß es: „Durch ganz Deutschland hallt der Ruf der Entrüstung, dass eine Partei in Lübeck, ohne Not, ohne einen triftigen Grund, frivoler Weise ein ganz eigentümliches Bauwerk der Vorzeit zu beseitigen trachtet. Es lässt sich kein Motiv finden, warum dieses historisch, archäologisch und technisch hervorragende Denkmal des Mittelalters plötzlich schonungslos verschwinden solle. Ganz Deutschland hat ein Interesse an der Erhaltung."

Die überregionalen Appelle blieben nicht ohne Wirkung. Der Kaak blieb stehen. Er überstand auch den Bombenangriff auf Lübeck im Jahre 1942 unversehrt. Zehn Jahre später allerdings musste er im Zuge der Neugestaltung und Verkleinerung des Marktes dennoch von seinem Platz weichen. Der Pranger wurde abgebaut, die Steine wurden eingelagert und sollten später einmal, so hieß es seinerzeit, zum Wiederaufbau des Gebäudes an anderer Stelle wiederverwendet werden.

Marktleben anno dazumal. Geruhsamer als heute ging es damals zu. Man traf sich zu einem hausfraulichen Plausch vor dem Kaak und konnte nebenbei auf der Litfasssäule erfahren, was Seifenfirmen und Ballsäle zu bieten hatten.

Doch über 30 Jahre sollte es dauern, bis der immer lauter werdende Ruf der Bevölkerung, sie wollten endlich ihren alten Kaak wiederhaben, Gehör fand. Im Jahre 1987 wurde der Pranger, wenn auch in leicht veränderter Form und etwas versetzt vom früheren Standort, wieder auf den Markt gestellt. Rund 300 000 Mark kostete das Wiederherstellen der einstigen Gerichtslaube, die fortan als „Dach mit Betonbeinen" oder „Lübecks teuerste Obstbude" verspottet wurde.

Und noch einmal flammte Ende der 90er-Jahre die Diskussion wieder darüber auf, ob man den Kaak nicht doch lieber abreißen solle. „Lieber heute als morgen", empfahl ein Lübecker Bürger, „diese historisierende Bausünde eines früheren Schandpfahls ist heute eher ein Schandfleck – und der muss weg!"

Als ein „Ding aus dem Tollhaus" dagegen wertete ein anderer Leserbriefschreiber Bestrebungen, den gerade mit Hilfe vieler privater Spenden wieder hergerichteten Kaak erneut einmotten zu wollen: „Durch den Abriss würde der Bürgerwille mit Füßen getreten werden."

Der Kaak überstand auch den neuerlichen Wirbel, wenngleich unter seinem Dach auch nicht mehr, wie in früheren Zeiten, Butter, Brot und Wein feilgeboten werden, sondern Obst und Gemüse. Und gar nicht wegzudenken ist er zu Zeiten des Lübecker Weihnachtsmarktes, wenn Äpfel, Gurken und Kartoffeln weichen müssen, um den umlagerten dampfenden Punschkesseln Platz zu machen.

Süß-saure Suppe – einst Lübecks Nationalgericht

Wer macht sich heutzutage noch die Mühe, ein Gericht zu bereiten, wie es Großmutter einst zu zelebrieren pflegte. Rasch greift man heute in das Regal eines Supermarktes, um sich einer Tüte schnell aufgewärmter Spargel- oder Lauchcremesuppe zu bedienen. Und das war es denn auch schon. Welch eines Aufwandes aber bedurfte es in früheren Zeiten, um eine süß-saure Suppe, einst das Nationalgericht der Lübecker, auf den Tisch zu bringen. Bevorzugt wurde sie trotz ihres kalorienreichen Inhalts besonders in den Sommermonaten. Und das nicht von ungefähr. Ein Schinkenknochen und ein Stück durchwachsenen Specks bildeten die Grundlage der süß-sauren Suppe. Dazu kamen dann aber sieben Küchenkräuter wie Bohnenkraut, Petersilie, Thymian, Majoran, Estragon, Boretsch und Kerbel, teils gehackt, später wieder herausgefischt.

Aber damit hatte es noch nicht sein Bewenden gehabt. Denn nun kam der eigentliche Sommer in den Topf: Erbsen und Wurzeln, grüne Bohnen, junger Kohlrabi und zerteilter Blumenkohl. Dazu Zwiebeln, Porree und Sellerie.

Längst aber war die Suppe damit noch nicht fertig. Denn nun ging es erst einmal ans Eingemachte, an Backpflaumen, Backbirnen und Ringäpfel, also an das ganze Trockenobst des vergangenen Jahres.

Die Krönung aber bildete, je nach den Kochkünsten der Hausfrau, die Zutat von süßen Grieß- oder Reismehlklößen. Die aus einem Brandteig hergestellten Klöße wurden getrennt in einem Teil der Brühe gar gekocht und erst später dem Essen zugegeben, da sonst die Gefahr bestand, dass sie zerkochten und sich in der Überfülle der anderen Zutaten auflösen würden.

Schon durchzog im Laufe des Vormittags der köstliche Duft der süß-sauren Suppe das ganze Haus, und noch immer fehlte das entscheidende I-Tüpfelchen: das Abschmecken mit Zucker und Weinessig, das der kulinarischen Köstlichkeit den letzten Pfiff verlieh.

Meist reichte ein einmal gefüllter Topf mit süß-saurer Suppe für mehrere Tage. Auch wenn sich die Grießklößchen mit der Zeit auflösten, so blieb doch der hinreißende Geschmack eines Mahls, das trotz seiner vielen Ingredienzien eine herrlich wohlschmeckende Einheit blieb. Von der süß-sauren Suppe, dem einstigen Lübecker Nationalgericht, können heute nur noch Großmütter schwärmen und erzählen.

Kinderspiele 1927 in der Beckergrube. Ein beliebtes Klettergerüst für die Kleinen war der Kutschbock von Adolf Longuets Fuhrwagen, die abends am Straßenrand abgestellt wurden.